기차를 타야만 했다

이경섭

시인의 말

내 가슴속 푸른 그늘, 그 안에 피어있는 꽃들
지상의 여행길에 함께해 온 아름다운 추억
그 삶의 단편을 열어봅니다.

첫 시집 출간 후 9년 만에 품고 있던 시들을 내보내려니
첫 번째 시집을 엮을 때보다 더 설레고 부끄러운 마음입니다.
마음의 갈피에서 서성이다 사라지는 것들이 아쉬워 시를 쓰고
시를 통해 자화상을 그려 가고 있는지 모르겠습니다.
또 한 고개를 넘어가며, 다음 시집에는 좀 더 성숙된
삶의 여정이 기록되길 소망해 봅니다.

늘 따뜻한 마음으로 격려해 준 사랑하는 가족들
함께하는 문우들 고맙습니다.

바쁜 시간을 할애하여 서평을 해 주신
공광규 시인께 감사를 드립니다.

2023년 가을
文靜 이 경 섭

차 례

시인의 말

제1부 ● 바람의 흔적

008 … 바람의 길
009 … 국화차를 마시며
010 … 항아리
011 … 다락방 일기
012 … 바람의 흔적
013 … 여행·1
014 … 안부
015 … 참 환하다
016 … 흔적
017 … 솟대, 풍경이 되다
018 … 치자꽃 엄마
019 … 연기 피어오르는 풍경
020 … 달빛 풍경
021 … 풍경 소리
022 … 강가에 앉아·1
023 … 강가에 앉아·2
024 … 강가에 앉아·3
025 … 샛강의 이야기
026 … 풍경·4
027 … 풍경·5

제 2부 ● 망초꽃 그늘

030 ... 입춘 무렵
031 ... 꽃다지 처럼
032 ... 봄날에·2
033 ... 봄날에·3
034 ... 봄편지
035 ... 4월 꽃길을 걷다
036 ... 별빛 그리다
037 ... 노루귀 꽃
038 ... 목련꽃 편지
039 ... 조팝꽃
040 ... 찔레꽃
041 ... 아카시아
042 ... 토끼풀 꽃
043 ... 산나리 꽃
044 ... 망초꽃 그늘
045 ... 능소화
046 ... 연꽃
047 ... 선인장
048 ... 소쩍새
049 ... 매미

차 례

제3부 ● 아버지·꽃문

052 ... 가을 저녁에
053 ... 가을에 가끔 길을 잃다
054 ... 가을·서성이다
055 ... 아버지·꽃문
056 ... 길위에 서서·2
057 ... 가을 편지
058 ... 갈대
059 ... 추억
060 ... 그날
061 ... 귀뚜라미 울고
062 ... 9월에는
063 ... 시월에
064 ... 11월 풍경·1
065 ... 11월 풍경·2
066 ... 11월 풍경·3
067 ... 11월의 흔적
068 ... 이별·2
069 ... 소리 그리다

제4부 ● 겨울 초상

072 … 겨울 초상
073 … 겨울 나무
074 … 상고대·2
075 … 겨울 산수유
076 … 겨울 산에 서서
077 … 전나무 숲에서
078 … 바다에서
079 … 겨울 바다
080 … 겨울 그 강에 다시
081 … 어머니의 겨울
082 … 빗소리 듣다
083 … 비는 오고
084 … 눈 내리는 날
085 … 12월 일기
086 … 마음의 길
087 … 골목길 풍경
088 … 고독·2
089 … 눈 내리는 간이역
090 … 기차를 타야만 했다

제 1 부

바람의 흔적

바람의 길

청보리 밭에서
푸른 길을 보네
햇빛에 반사된 까락이
일제히 누웠다가 일어서는

바람은 까락을 타고
청보리 언덕을 넘어
누이와 형 아버지와 어머니
유년의 미소년 휘파람 소리로
두런두런 일어서는데

가슴으로 듣는
바람의 언어
생의 능선을 넘어
아득한 꿈길로 오는
푸르른
바람의 길

국화차를 마시며

감국 송이 두엇
계절을 건너네
꽃잎에 감춘 향기
노랗게 풀어내는
꽃의 몸짓
이야기로 피어나고

세월의 길목
서성이던 나날
찻잔에 담아 마주한 시간
마음의 타래를 풀면
향기로 젖어 오는
사람
가슴엔
꽃물 들고

항아리

담장 아래 노을도 내려앉은
그녀의 빈집
바람이 다녀 갈 때면
허공에 이름을 쓰곤 했지
휘파람 소리 뒤에
허전함을 숨기고
따사롭던 시절
식구들의 웃음소리 듣는다

세월을 깊게 삭여내는
발효의 시간위로
옛이야기 흐르고
떠나간 길 위에
햇살이 세우는 삶의 무게
긴 시간 돌아와 가슴 다독이는
바람의 손길
홀씨 하나 그리움에 젖는다

다락방 일기

다시 올 것을 알고 있었을까
창문에 기대어 바람의
이야기를 듣는 날들이 쌓이고
햇살이 그림자를
내려놓고 다녀간 날도
다락방에는
빛바랜 일기
지나간 生의 순간들이
흐르고 있었네

푸르른 날의 이야기 줄 세우고
웃음꽃 피던 날도
수줍음 담았던 날도
기억속의 시간을 걷고 있는데
반짝이던 시절
다시 올 수 있을까
마른 꽃잎
옛이야기 풀어내는
꽃물결 흐르던 다락방

바람의 흔적

어디서 왔을까
바람은

무더기무더기
꽃 잔치 한창인데
가지 흔들어 꽃보라
향기 물고
연두에 연두 덧칠하는
초록 바람
숲의 가슴을 채운다

강물의 반영
흔들리는
강가 서성이던 그날
바람이 끌고 가던 물 길
돌아 다시 흐르는데
여울물 소리
가슴에 남아
바람의 흔적을 찾는
아린 耳順의 봄

여행 · 1

내려놓아도 좋을
자리를 찾아 떠난다

푸른 하늘에 점 하나 찍고
흰 구름 되어 흐르다가
들꽃으로 피어 웃다가
나무가 되고 숲이 되어 흔들리다가
자유로운 영혼 되어
바람의 이야기 듣는다

가끔은 이렇게 혼자가 되어
존재의 의미를 물어보는
내 안에 자리한 것
하나씩 내어놓는 일
내 것이 없다고 생각하는
그래도 서운하지 않은 마음
욕심의 끈 잘라내는 일

심연의
나를 찾아 떠나는
무한공간에 흐르는
그리움
찾아가는 길

안부

마음이 먼저 마중 간다
그리운 것들의 안부

햇살 스미면
살푼 걸어오는
연두 연두
다가오는 것들의 사연에는
노을이 덮어주었던
홑씨 이야기
가슴으로 듣는다

삶의 언저리 바람이 머물고
경계를 넘어가는 길목
우듬지 가득 팔랑이는
봄
저기
징검징검 건너오는
은어 떼

참 환하다

사락사락
복사꽃 벙그는 날
꽃잎에 반사되는 햇살

꽃에 닿으면 꽃빛 되고
물에 닿으면 물빛이 되는
채색의 마술사

산천 휘돌아온 나래 위에
바람에 흔들리는 풀잎
가녀린 몸짓
물총새 푸른 깃 수면에
그리는 무늬에도
내리는 색의
향연

내 가슴에
찬란한 봄
햇살 한 줌 들여놓았다
세상
참
환하다

흔적

꽃 피고 지는 사이로
겹겹이 쌓인 시간을 지나
영혼의 갈피 그 어디쯤
봄 노래하던
푸르른 날을 보네

지난 것에 대한
다시 올 수 없는 것들에 대한
가슴속 이야기
종일 꽃비로 내리는데

꽃잎 흥건한 자리
세상 밝히고 떠나는
흔적이네

솟대, 풍경이 되다

푸른 들판 멀리 무엇을 응시하는지
솟대 위 새 한 마리
날아온 먼 길 통증이 물길처럼 휘돌아
고단한 뿌리가 되고
푸른 들을 만들었다는걸
그때는 몰랐다

날고 싶었던 시간 들을 접고
꽃 피우고 열매 맺기 위해
온몸으로 울던 새는
들판에 둥지 틀고 이소離巢하는 작은 새
푸른 비상을 위해
땅거미 내리는 시간에도 독수리의 눈이 되었다

지금도 그 들판
먼 능선 넘지 못하고
기원하는 내 아버지 같은
솟대
승천하는 꿈길에
풍경으로 머무는

치자꽃 엄마

햇살의 꼬리 강물에 닿아
치자 빛 물드는 저녁
버선발로 맞이해 주시던
엄마 생각
치자꽃 닮은 울 엄마

노랑 물 풀어
녹두전 밀전 굽고
세월을 구워
향香 건네는 자식 되기를
기원하신 종부의 길

어찌 달금한 세월 뿐일까
맵고 쓰던 고단한 길
내 가슴에 피었네
순백의 치자꽃

연기 피어오르는 풍경

노을 뒤척이는 강 건너
연기 피어오르는
풍경을 보네

낯익은 냄새
정겨운 목소리
가슴 아릿해지고
풍경 너머
다붓한 마을
어머니 삶의 터전이네

연기의 아늑함
번지는 미소
마음과 마음 이어주는
귀소본능
따듯한 저녁
풍경이네

달빛 풍경

달빛 스미는 밤
먼 먼 곳 소쩍새 울음소리에
고향 풍경이 열린다

실개천 건너
망초꽃 낮게 흐드러지고
돌담길 굽이굽이
마을을 돌아
도란도란 고향 집

싸리 빗질 정갈한 마당
백일홍 채송화 맨드라미
뒤란에는 장독대
철 따라 익어가던 과일
유년의 꿈도 영글고

대청마루 함박웃음
감자범벅 메밀전병 나누던 정
다시 그리고 싶은 수채화
푸른 날의 달빛 풍경

풍경 소리

바람 지난 자리
풍경 소리
추녀 끝에 매달려
흘러온 세월
푸른 영혼으로
유영하고

그녀의 등 뒤로
떨어지는 소리
그리움의 깊이를 재면
먼 능선 넘어온
바람의 안부
다시 길을 묻는데

가슴으로 듣는
풍경 소리
오래오래
흔들리네

강가에 앉아 · 1

강가에 앉아
여울의 지문을 본다

물새들 발자국
쓰다듬는 물결
수면에 그리는 무늬

한 문명이 흐르고
또 한 문명이 오고
끊임없이 달려온 길

생명의 근원
풍요의 길
무슨 말을 했을까 강물은
순리로 흐르는
물길의 지문

강가에 앉아 · 2

노을 뒤척이는
저문 강을 본다
흘러간 것들의 아득함
그 세월만큼
가슴 젖어
서성이던
시간

멀어져간 물소리
가슴에 남아
강물의 깊이를 재고
삶의 무게로 휘청일 때
그날의 기억을 더듬는
마음과 마음 이어주는
물길

무한공간 돌아 다시
물방울로 빛나는
순환
강물의
흔적

강가에 앉아 · 3

기러기 떼 건너가는 여울
달맞이꽃 발을 담그고
갈대도 일어선다

강 마을에 꽃물 들고
꽃길 돌아 총총
별들의 발자국

바람 깃을 적시는
강물의 언어
한 문명의 이야기
삶을 휘돌아 다시
흐르는 저문 강

샛강의 이야기

물안개 새벽을 걷어 올리고
햇살 풀어지는 샛강
그 강에 기대고 사는
도란도란 흐르는
사람들의 이야기

바람의 옷을 입고 가끔
먼 길 다녀온 이야기
강에 스미면
말없이 품어주는
샛강의 흐름 따라
꿈꾸는 사람들

흐르고 흘러
다시
샛강으로 돌아오는
여정 旅程
그것이 生이라고

풍경 · 4

나비 두 마리 날아간
작은 연못
수련 한 송이
망중한

시샘하는
매미들의 합창
구름이 그리는 풍경
흔들리는 반영

풍경 · 5

오월
바람에
살랑이는 꽃잎
망초 흔들리면
열리는 풍경

달빛 흐르고
별 총총 추억을 더듬는
텅빈 집
둑방길 지나 묵정밭
흐드러진 망초꽃

먼 산 뻐꾸기
허공 긋는 사연
속절없는 세월은
잠시
머물고

제 2 부

망초꽃 그늘

입춘 무렵

입춘이란 말 참 좋더라
시린 풍경
겨울이 한창인데
남도 돌아온 바람
매화 향 물고 왔나

햇살 풀어지는 먼 능선
어깨 부드러워지고
기지개 켜는 밭이랑 사이
꽃다지 냉이 소곤거림

나뭇가지 꽃물 오르는 소리
사방에서 두런거리는
봄 오는 소리
가슴 따듯해지는 입춘
마음엔 벌써
봄꽃 망울지고

꽃다지 처럼

햇살이 속살속살
이름 불러 준다
자박자박 발걸음
바람도 등을 밀고

서성이던 자리
옹이진 가슴
빗장 풀면
저기
꽃등 켜는 플로라

봄 언저리
노란 떨림
찰랑이는 꽃물결
꽃다지 처럼
너도 웃고
나도 웃고

봄날에 · 2

봄 햇살에
속살 드러낸
산길을 걷는다

먼길 돌아온 친구 이야기
숲을 채우고
우듬지 새들의 풀빛 노래
봄을 채색한다

3월의 바람끝
생강나무꽃 한창인데
깔깔 껄껄 친구 웃음
봄볕처럼 따사로워
짧아서 아쉬운
봄날의 하루

봄날에 · 3

꽃다지가
불러 왔나?
어디에 있다가
고운 꽃을 피우는지
무채색 겨울 지우고
그리는 수채화

누가 이렇게 불렀을까?
어여쁜 이름 꽃다지
살랑이는 꽃물결
흐드러지는
봄날
햇살도 튀어 오르네

봄 편지

새들이 그리는 음표
사랑 노래 가득하고
들풀들의 아우성
바람의 깃을 잡고
행진을 한다

물오른 가지마다
꽃빛 가슴 설레는
봄 햇살로 쓰는 연서 戀書
꿈인 듯 오시는
그대
마중 가는 길

4월 꽃길을 걷다

햇살처럼 머물다
바람으로 지나가는
시간의 기억
저물어간 날들 위로
또다시 꽃이 피네

꽃들의 속삭임
마음에도 꽃물 들고
가슴에 스며
꽃등을 켜네

풍경으로만 머무는
아릿한 기억
목마르게 걸어왔던 삶
가끔 흔들려도 괜찮다고

흐드러진 꽃길
햇살 찰랑이고
가슴엔 다시
꽃 물결

별빛 그리다

그리운 사람이 있어
별들도 반짝이는걸
바람 일렁인 후에 알았네

가슴 가슴마다
은밀한 별이 있어
삶이 열리고
상처받은 영혼을
다독이는 밤

지나온 시간 들이
아프게 일어서는 밤에는
별 가득 띄우고
함께 일렁이고 싶네

그리운 사람 있어
별들도 반짝이는걸
바람 일렁인 후에 알았네

노루귀 꽃

마른 땅 헤집고
속살 드러낸
봄의 전령사

온몸으로 삶을
살아내는 너를
만나는 설렘

낮은 자세로 보아야
네가 보인다
눈 높이를 맞춰야
네가 웃는다

굽힐 줄도 알아야 보이는
마음이 오는 길
한 수 배우는
봄날
노루귀 꽃 미소

목련꽃 편지

목련 하늘거리는
그녀의 뜰
휘파람 소리 가지 끝에 걸면
해사한 미소
꽃으로 피던 시절 있었네

사연 가득 달콤한 안부
푸른 잉크 번지는 하늘 언저리
하얀 버선 까치발
먼 길 돌아 다시
서성이는 너의 그늘

꽃잎에 쓰는 편지
어느 하늘 아래
순백의 꽃등을 켜고 있는지
목련
다시 흐드러 지는데

조팝꽃

조팝꽃 흐드러진 봄날
들추면 날아갈까
숨겨둔 향기
휘어진 가지마다
눈뜨는 그리움
무더기무더기 고향 언덕
아버지 미소
하얗게 하얗게 번지는
꽃 그림자

찔레꽃

산모롱이 돌아 찔레꽃
무더기무더기 속삭이는
오월의 기억은 달콤하다

무논에 그리는 풍경
어머니 새참 소쿠리 열리고
찔레꽃 향기 담은
막걸리 한 사발
푸른 계절을 들이켜시는 아버지
낮달도 하얗게 취했네

숲속 돌아온 바람
초록 물감 풀어놓은 들판
그냥 달리기만 해도 좋았던
유년의 오월
거기
찔레꽃 하얀 그림자

아카시아

아득히 먼
기억의 언덕
밀봉된 그리움
투욱 툭
함박웃음으로 피는
눈부신
꽃잎

햇살 걷어 올리는
향기
오월 숲 가득
꽃 멀미
눈처럼 내리는
유년의
풍경

토끼풀 꽃

토끼풀 꽃밭에 앉아
햇살에 반사되는 꽃잎을 본다

행운의 잎새를 찾아 건네던
노을빛 얼굴
차라락 차라락
햇살 굴리는 은륜 銀輪
휘파람 소리 내려놓고
가버린 그 길

무더기무더기 토끼풀
잎새 뒤적이며
바람도 찾고 있었네
유년의 동무
천진한 미소

다시
보고 싶은
다시
보고픈

산나리 꽃

초록 그늘
하늘하늘
그리움 풀어놓고
산나리 피었네

주근깨
다닥다닥
그리운 얼굴
아득한 세월 돌고 돌아
거기 서 있네

첫사랑
고 계집애
아찔한 향기
나리꽃 그늘
바람도 잠시 쉬고 있네

망초꽃 그늘

아버지
산소 가는 길
노을에 젖는 풍경을 본다

망초 늘어선 길
언덕 넘어
아버지가 일구시던 터
묵정밭 되고

꿈 키우던 유년
아버지의 그늘
망초꽃 가득한데

바람 일렁일 때마다
미소 번지는
노을빛 그리움

가슴 가득
흔들리는
꽃 무리

능소화

살피꽃밭 담장
고목 나무 우듬지까지
넌출넌출
목 늘인 기다림
눈 열고 귀 열고
하루 또 하루
계절 건너는 가슴앓이
옹이진 사랑
깊어진 그리움
뚝뚝 떨구는
다홍빛
눈물

연꽃

연잎에 쓰는
이슬의 언어
또르르
젖은 길 걸어온
마음 모아 모아
밀어 올린 꽃대

봉인된 향기
바람에 풀어
세상 보듬는
저 환한
미소

선인장

사막을 걸어
모래바람에 길을 잃고
태양의 열기
긴 목마름에도
가시 세워 지켜온
인내

낙타의 길을지나
오아시스
가슴 적신 그날
세상 환히 밝히는
가시 끝
꽃등

소쩍새

무슨 사연 저리 깊어
밤새 소쩍이나

불면의
밤

너에게 닿아있는
촉수

매미

어둠 속을 걸어야 했던
침묵의 계절은 뜨거웠다
날개를 달고 비상하기까지
인내의 시간을 견뎌온
삶의 절규
초록 흥건한 8월 마당에 쓰여진
한 생의 자서전

제 3 부

아버지 · 꽃 문

가을 저녁에

산 그림자 눕는 강
억새 흔들리고
물새 홀로
석양을 줍는다

하늘 한 자락 노을에 젖고
물빛 황홀해지면
저무는 강 마을 등불로 서는
노을의 발자국

고단한 삶이 쉬어가는 마을
가슴 가슴에 스미는 언어
별을 밝히는 시간
갈꽃 이울고
떠나는 바람 다시
길을 묻는다

가을에 가끔 길을 잃다

가을엔 가끔
길을 잃어도 좋은
그런 날이 있다

그 길 위에 생각 깊어
적막을 따라가면
또 다른 나를 만나고
그림자로 누워있던
오래된 암각화를 만난다

기억의 풍화
봉인된 시간을 풀면
삶의 틈새 아슴아슴
나를 적시고
목마름을 채워주는
동행의 무늬

마음 내려놓고
흘러가는 길
다시
가을이 지나가듯
저만치 걸어가는
그림자를 본다

가을 · 서성이다

하늘에 그린 상형문자
기러기 가족
가을을 물고 왔네

익어가는 자리마다
햇살 스미고
쉬어가는 바람
하늘하늘 그리는
풍경화

길을 나서면
만날 수 있을까
까르르 유년의 미소
흐드러진 갈꽃
서성이던 자리
세월도 잠시 쉬고 있네

아버지 · 꽃 문

햇살 향기로운 날
문살마다 묵은 때 벗겨
문 바르던 풍경
창호지 사이
구절초 수레국화 갈꽃 다시 피고
창호지 위로 무지개 뜨면
팽팽해지는 추억
문살에 비치던
따사롭던 시절
푸른 기억으로 피어나는
아버지의 창
다시 팽팽해지는
꽃 문

길 위에 서서 · 2

바람 서성이는 날
은행잎의 군무
눈부심으로 왔다가
소멸되는 그리움의 빛
첫사랑 처럼 시리다

하늘 어디쯤일까
떠나간 것들의 고향
마른 바람 불고
소실점으로 가는
生의 나날들
길 위에 서서
세월을 본다

가을 편지

고향 그 집
텅 빈 마당
감잎 물들인 햇살 나른하고
가지 한가득 익은 감이
쪽빛 하늘에 그림을 그린다

세월 한 모퉁이
맴돌던 바람
한 시절 지나도
가뭇없는 옛 동무
안부를 묻고

감잎 흥건한 자리
투욱 툭 떨구는
그리움의 무게
가을이
편지를 쓴다

갈대

석양 기러기
날아가는 하늘
가을이 내린다

건들바람에
흔들리는 갈대
수직과 수직의 행렬

흔들리며 누워도
다시 일어서며
새들을 품는 시간
석양을 덮고
금빛 갈대가 된다

텅 빈 가슴
아픔으로 서걱이며
부르는 노래
지나가는 바람도
휘파람 소리로 운다

추억

가을빛 내리는 들녘
맑은 웃음 담겨있는
추억의 사진
들꽃으로 피었네

쑥부쟁이 꽃 빛으로
물든 자리
구절초 벌개미취 고마리 피고
감국 개미취 산국 흔들리네

기억 저편
인생길 모퉁이마다
미소짓는 인연
들꽃 피고 지는 사이
노을빛으로 서 있네

그날

사과나무에 매달린 햇살
길게 누워 채색하는 가을
감춰진 날들의
노을빛 응어리를 꺼내면
추억하나 푸르다

열정으로 살아온 세월
황홀한 시간이 지나고
인연 따라 스미는 사랑
바람에 흔들려도 좋겠네

함께 가는 길
가을빛으로 물드는
삶의 무늬
다시 걷고 싶은 그 날

귀뚜라미 울고

달그림자 서성이는 밤
귀뚜라미
밤의 깊이를 재고

창을 흔드는 바람
생각의 길을 열면
스쳐 지나간 시간
아련한 풍경이 된다

만나고 헤어지고
짧아서 아름답던 인연
다시 일어나 길을 묻는
적막한 시간
귀뚜라미 운다

달빛 젖은 가슴
흔들리고
흔들리고

9월에는

소슬바람
길을 나섰습니다
파랗게 쏟아지는 하늘
쑥부쟁이 보랏빛 향연
무더기무더기 갈꽃
여물어 가고 있습니다

가을 햇살은 종일
그림을 그립니다
이별을 위한 준비라도
떠나는 것들의 아름다움
그 절정
사랑을 위해

도요새 멀고 먼 여정
손 흔들어 보내는
갈대의 연서
다시 인연을 기다리는
시린 가슴
붉게 물들이고 싶습니다

시월에

햇살의 손을 잡고
숲길을 걷는다
채우는 삶을지나
비우는 길을 준비하는
시월의 숲
처연하다

채색의 깊이를 더하고
열매마다 이야기로 여물어
향기로 번지는 가을 숲
행간에 머물던 바람
길 떠날 채비를 한다

한 잎 한 잎
내려놓는 길
뒤돌아보아도 좋은
시월의 숲
빈 마음으로 돌아가는
길을 본다

11월 풍경 · 1

푸른 하늘 빈 가지
까치집 하나
덩그러니
그리운 시간이
머물러 있네

햇빛 눈 부신 날
반짝이던 풍경도
스러지는
긴 그림자

빈 가슴에
서성이는 바람
아직도 못다 한
가을 이야기
낙엽 위에 쌓이는
세월

11월 풍경 · 2

어디서 오는 것 일까
바라만 봐도 눈부신 날
까치밥 네댓 풍경을 매달고
붉어지는 것이 아픈 잎새들
도란도란 안부를 묻는다

가을 배웅 길
온기를 나누는 11월
오늘의 고단함도 추억이 될
그 걸음 끝에
찰나의 타오름을 내려놓는다

발아래 수북이
낙엽을 덮고 있는데
흔적 모를 쓸쓸함을
어찌 할까

꺽둑꺽둑 무 썰어 넣고
보글보글 생태찌개 달큼하던 시절
그날의 붉은 가을이
사무치게
지나간다

11월 풍경 · 3

남은 이야기
우듬지에 걸고
떠나는 것들의 무거운 발걸음
가벼이 보내기 위해
나뭇가지 사이 바람은
푸른 하늘을 그린다

마음을 비우는 나무
허허로운 가슴
바람으로 채우는
그리운 이름
저물어가는 길목
별빛으로 흔들리는
11월
긴 그림자

11월의 흔적

가을비 지난 자리
젖은 잎 발자국
흔적을 남긴다

한철 뜨겁던 사연
화석처럼 가슴에 쌓이고
다시 돌아올 그 길에
이정표가 되고 싶은

거리에는 쓸쓸한 사유
한 장
한 장
엽서가 되는
11월의 흔적

이별 · 2

민들레 홀씨
이별 여행을 한다
오래된 그리움 허공에 풀어놓고
담장 아래 빈 둥지 갈무리한다

바람의 언덕 유영하던 그 날
꿈꾸며 부르던 노래
노랗게 노랗게 피어
흔들리며 흔들리며

야윈 손가락 사이로
사위어가는 生의 그림자
다시
꽃이 되고 싶어
바람의 옷을 입는다

소리 · 그리다

신륵사 모종 暮鐘 소리
강을 건너네

흔들흔들 풍경을 그리고
세월을 빗질하며
먼 먼 시간 익숙한 소리
강을 건너오네

노을에 깃을 적신 바람
살살이 꽃 간질이고
저녁연기 알싸한 골목
달리던 그 날
어머니 부르시던 목소리
노래가 되고

여문 별 하나
가슴에 뜨네

제 4 부

겨울 초상

겨울 초상 肖像

겨울나무 빈 가지
마른기침을 재우는 햇살
침묵의 시간 위로
세월을 내려놓는다

과거를 지나 미래로 가는 틈새
갇혀있던 날들이 날개를 달고
살아있는 것들의 그리움
이야기로 풀어
가슴 뜨거워지는 시간을 만드는
길 위의 사람들

계절의 한 모퉁이 돌아
하얗게 몸을 씻은 바람
결빙과 결빙 사이 시간을 굽고
낮달에 얹어두었던
은빛언어
쌓이고 쌓이는
겨울 肖像

겨울나무

겨울 숲에 서면
흔들리며
사색하는 나무
시린 가슴을 만날 수 있다

수액에 물감 풀고
우듬지 멀리
별빛 꿈도 담아
꽃 빛 가슴 그리는

독목 禿木으로 처연히
생각의 깊이를 더하는
인고의 시간
꿈꾸는 날이 오는 소리
겨울나무의 은빛 노래

상고대 · 2

겨울 강에 서서
먼 기억 속의
풍경을 봅니다

안개 드리운 강
새벽길 걸어온 영혼
풍경으로 서 있는
상고대

뼛속까지 시린 통증
견뎌온 시간
가슴 아린 꽃으로
피었습니다

피안의 길목
순백의 파수꾼 상고대
하얗게
하얗게
가슴에 내리는 뿌리

겨울 산수유

꽃 물드는
노란 언덕
달빛 그늘 지나
알알이 꿈꾸는
푸른 계절 건너
나목의 시린 가지마다
가슴에 남은 정열
붉게 물들었네
순백의 눈길 위에
툭 떨어지는 선혈
산수유
가슴 아린 이름

겨울 산에 서서

숨 쉬는 소리 듣네
겨울 산

나무의 뿌리
소리의 길을 따라
묻어나는 흔적
나이테의 선을 긋는
몸의 무늬
나뭇가지 마디마디 시린 통증
햇살 풀어 다독이는
성찰의 시간

하악하악
겨울 산의 숨소리 듣네
계절을 건너는

전나무 숲에서

전나무 숲길에 들어
걸어온
세월을 본다

바람은 나무들 소리를
듣고 있다
사람들의 발자국
기원하는 마음 모아
하늘로 올리는 향기

뿌리에서 우듬지까지
흐르는 수액을 마시며
세속을 씻어내는
성찰의 시간

텅 빈 나를 만난다
푸른 씨앗 하나
마음에 심는

바다에서

하얗게 달려온 파도는
모래톱에 담긴
사연을 데리고 간다
달려 왔다가 되돌아가고
또 돌아가고
그 바다에 가슴의
응어리 풀어 놓는다

부서지는 파도
인내하고
포용하는
응어리 풀어져 멍든 바다

그림자 길게 늘어선 시간
푸른 미소 건져 돌아오는 길
파도 소리 저만치 앞서고
햇살 스미는 노을빛 바다
빈 가슴에 차오른다

겨울 바다

겨울 바다에 홀로 섰다
물보라마저 고독한
여울진 사연
무수히 그렸다가 지우는
모래 무늬
파도의 이야기 다시
가슴에 출렁이는데

기억 저편
채워지지 않는 빈자리
아련한 그리움
시린 바람 끝
마음 비우는 바다
겨울새 한 무리
햇살을 줍는다

겨울 그 강에 다시

강물이 얼었다고
찔레 열매 빠알간 강가 풍경
고향을 배달 받았습니다

앉은뱅이 썰매
얼음지치기
밀고 당겨주던 동무들
카톡방에 소환되어
와글와글
그 날들의 추억을 꺼내봅니다

방패연 가오리연
꼬리 잡으러 우르르 달려간 꿈길 따라
세월의 향기를 담고
바람의 허기를 채울 줄도 아는
耳順의 동무들

오늘은 그 강가에
모닥불을 피우고
얼어가는 강물의 이야기를
듣고 싶습니다

어머니의 겨울

고향 집 처마에는
수수 이삭
옥수수 타래미
삭풍에 뒤척이는 시래기
계절을 건너는
풍경이 있네

밭두렁에 쓰시던
어머니의 일기에는
흥얼거리던 노랫가락을 들으며
옹골찬 꿈을 담은 알곡들
음표를 그리고 있었네

겨울바람 서성이고
얼음꽃 피는 시간
시래기 밥 뜸 들이는 냄새
별빛도 차르르
윤기를 내고
어머니 창에 스미는 달빛
가슴에 차오르는
유년의 풍경이네

빗소리 듣다

봄비 내리는 날
창 두드리는 빗방울
푸르던 시절 내리던
그날의 소리 듣는다

돌고 돌아 다시 오는
비의 길
기억 저편의 얼굴
영혼의 소리 두런두런
젖은 숨결로 밀려오고

가슴 적시는 빗물
눈물로 흘러
머물다 가는 길
돌고 돌아 다시오면
그날엔
흠뻑 젖으리

비는 오고

비가 온다
창문에 쓰는
빗물의 언어
물방울
그리움이라 쓰고
지운다

빗물
가슴에 남아
영혼을 적시고
그림자
젖어있는 창
바람 서성이는데

빗물의 기억
물방울 기르기
가슴에 스미고
소리로 돌아가는 발걸음
잡을 수 없어
젖으며
젖어
가는 길

눈 내리는 날

하얀 꽃의 군무
하늘하늘
추억이 내리네

서성이던 세월
헛헛한 가슴에
함박눈 쌓이는데

어느 하늘 아래
순백의 길을
걷고 있을까
먼 기억 속의 그대

그리움으로
채색되는
아련한 풍경

12월 일기

세월의 그림자
덩그러니
흘러온 시간을 본다

나목 裸木이 되기까지
무성했던 사연
살아온 흔적
다독여 정리하는 시간

불빛 스미는 창가
떠오르는 미소

꿈길처럼 아련한
따사롭던 시절

지친 발걸음 품어주는
가슴이 되어
새 삶의 지평을 여는
12월의 하루

마음의 길

길을 본다
양심의 갈래 길
서성이던 세월
모서리 다듬어
둥글어지기까지
가슴 내려놓아야 했다

생이 아늑해지고
머물기에 온유한 원이 되기까지
비우고 또 비우고
마음 걸어둘 기둥 하나
세우는 무심의 길
돌고 돌아
나를 찾아가는
아직도 먼 길

골목길 풍경

해거름
펼쳐지는
골목길 풍경
술래잡기 땅따먹기 공기놀이
꿈 키우던 소망의 터

굴뚝 연기 잦아들고
자작자작 저녁밥 뜸 들이는 소리
시래기 된장국 풀어지는 내음

어머니 부르시는 목소리에
친구들 집으로 간다

가슴에 자리한 골목길
따듯한 사람들이 사는
마음자리
쓸쓸한 날엔 그곳에 가고 싶어
꿈길에도 더듬는다

고독 · 2

갈꽃 이울고
모두 떠난 자리
석양에 물드는 백로
홀로 듣는 강물의 언어
긴 목 늘인
기다림 그 너머
쓸쓸한
사유 思惟

눈 내리는 간이역

눈 내리는 날
시간의 흔적을 찾아
그 강가에 섰네

들꽃 미소
풀잎 흔드는 바람의 노래
가끔
기차 떠나는 소리에
강물도 여물었네

풀잎 냄새가 나던 소년
물수제비 뜨던 그 날
무수히 번지던 동심원
가슴에 여울지는데

눈 내리던 그 날
열차는 떠났네

마른 풀잎 냄새
서성이는 미소
간이역
눈 내리네

기차를 타야만 했다

그땐 기차를 타야만 했다
삶의 탈출구를 찾아서
칠구 학번 경자 생庚子生 청춘은
떠나야만 했다

산과 강의 손을 잡고 달려가는 경춘선
가슴 헛헛한 청춘도 함께 달렸지
통기타와 노래로 웃기도 하고 울기도 하며
대성리, 가평, 백양리, 강촌
우르르 우르르 때로는 홀로
가슴 아린 문장 청춘의 기록을
간이역 산그늘에 내려 놓았다

먼 길 돌아 다시 그 길에 서서
묶여있던 고리 풀고
둥글게 하고 싶었던 세월
그렇게 흘러왔는지
아린 이순耳順의 시간여행

그날의 산그늘
푸르던 간이역
메아리만 줍는다

서 평

「꽃과 부모와 인생에 대한 회고적 담화」

공광규 시인

1

 이경섭 시인의 시 「기차를 타야만 했다」에는 회고적 인생에 대한 담화를 형상한 시가 많다. 꽃을 제재로 한 시, 인물을 문장에 드러낸 시, 그리고 시간을 암유하는 월과 계절을 변주한 시들이다.
 이를테면 연꽃, 토끼풀꽃, 산나리꽃, 수련, 망초꽃, 노루귀꽃, 생강나무꽃, 꽃다지, 매화, 백일홍, 채송화, 맨드라미, 복사꽃, 민들레, 찔레꽃, 목련꽃, 조팝꽃, 국화 등 구체적 이름뿐만 아니라 광의의 꽃잎, 꽃빛, 꽃물, 꽃등, 꽃길, 꽃잔치, 들꽃 등으로 자신의 아름다운 내면을 꽃의 어휘로 표현한다.
 또 어머니와 아버지, 누이, 형, 친구 등 인물이 문장에 등장한다. 그 가운데 어머니와 아버지에 대한 빈도가 가장 높다. 이는 시인이 자아 형성기에 부모님과 많은 시간을 같이 보낸 유년의 기억과 배경이 농경사회의 자연에 있기 때문일 것이다. 물론 그의 시에서 인물의 비중은 높지 않으나, 시적 배경과 함께 등장하는 인물이 불러일으키는 정서는 다른 사물이나 사건보다 다르기에 주목할 필요가 있다.
 그리고 다음에 주목하고 싶은 제재는 시간을 비유하는 월과 계절이다. 그의 시에는 사계가 골고루 분포한다. 다양한 계절의 현장에서 소재를 채취한다. 봄의 꽃과 여름의 파란 색, 가을의 낙엽, 겨울의 나목과 흰 눈이 다채롭게 독자의 눈을 끈다. 또 봄에 움이 트고 잎이 나서 꽃피고 열매 맺고 낙엽이 지고 겨울을 맞는 사계의 흐름은 인생의 경로와 같다. 이런 계절의 흐름을 인생에 비유한다.

2

　이경섭 시인의 꽃을 제재로 한 시 가운데 「풍경·4」에서 "나비 두 마리 날아간/ 작은 연못/ 수련 한 송이/ 망중한"이라는 묘사가 절창을 보여준다. 시집의 곳곳에 보석처럼 박혀 있는 묘사는 독자에게 시 읽는 즐거움을 선사한다. 묘사가 시의 전부는 아니지만, 기본적으로 묘사가 잘된 시는 명작에 근접한다. 또 다른 시에서 "연잎에 쓰는/ 이슬의 언어"나 "마음 모아 모아/ 밀어 올린 꽃대"(「연꽃」)가 보여주는 묘사도 맑고 화사하다.

　이경섭 시인의 묘사와 심상은 맑고 투명하고 화사하다. 이런 심상을 구축해주는 구체적 꽃이 시집 곳곳에 피어있다. 좀 거칠게 들여다봐도 「연꽃」「토끼풀꽃」「산나리꽃」「풍경·4」「노루귀꽃」「봄날에·2」「봄날에·3」「입춘 무렵」「꽃다지처럼」「달빛풍경」「참 환하다」「능소화」「망초꽃 그늘」「찔레꽃」「아카시아」「조팝꽃」「목련꽃 편지」「치자꽃 엄마」 등 상당히 많은 숫자다.

　　토끼풀 꽃밭에 앉아
　　햇살에 반사되는 꽃잎을 본다

　　행운의 잎새를 찾아 건네던
　　노을빛 얼굴
　　차라락차라락
　　햇살 굴리는 은륜
　　휘파람 소리 내려놓고
　　가버린 그길

무더기무더기 토끼풀
　　잎새 뒤적이며
　　바람도 찾고 있었네
　　유년의 동무
　　천진한 미소

「토끼풀 꽃」 부분

　토끼풀꽃이 등장하는 이 시는 현재 시점에서 과거를 회상한다. 화자는 토끼풀밭에 있고, 과거에 토끼풀밭에서 일어났던 사물의 움직임과 인물을 회상하고 있다. 행운의 네 잎을 찾아 건네주었던 노을빛 얼굴을 가졌던 동무를 떠올린다. 천진한 미소를 가졌던 동무다. 차라락 차라락 의성어와 은륜이 자전거를 암유한다. '가버린 그길'은 재회하지 못한 이별을 암시한다. 지금은 사람은 없고 바람만이 풀밭을 뒤적이고 있다.

　시 「4월 꽃길을 걷다」에서는 구체적 꽃 이름을 언급하지 않는다. 화자는 햇살이 찰랑이는 "흐드러진 꽃길"에 서 있다. 그동안 "목마르게 걸어왔던" 화자는 "저물어가는 날들"의 지점에서 과거의 "아릿한 기억"을 떠 올린다. 그러면서 "꽃들의 속삭임/ 마음에도 꽃물 들고/ 가슴에 스며/ 꽃등을" 켠다고 한다.

　　주근깨
　　다닥다닥
　　그리운 얼굴
　　아득한 세월 돌고 돌아
　　거기 서 있네

첫사랑
고 계집애
아찔한 향기
나리꽃 그늘
바람도 잠시 쉬고 있네

「산나리꽃」 부분

시인은 초록의 그늘에서 산나리를 통해 첫사랑을 소환한다. 산나리는 버드나무 잎 형태로 주홍색 꽃을 피우며 꽃잎에 검은 점이 있다. 마치 얼굴에 난 주근깨 같다. 화자는 산중의 초록 그늘에서 산나리꽃을 발견하고 '그리운 얼굴'을 생각한다. 주근깨가 과거 인물에 대한 연상 작용을 일으킨 것이다. 그 주근깨의 주인공이 시인의 눈앞에 산나리꽃으로 서 있는 것이다. 다음 연으로 가서 보면 화자에게 아찔한 향기를 주었던 주근깨의 주인공은 첫 사랑이다. 그 아찔함이 떠오르고 감각되는 순간 세상의 모든 것은 멈춘다. 시인은 현재 대상화되는 꽃을 통해 과거를 소환하고 회상하는 방식의 구성을 이 시에도 적용한다.

시「봄날에・2」에서는 생강나무꽃이 환한 배경이 된다. 봄 햇살 아래를 먼 길을 돌아온 친구와 걷는다. 생강나무꽃은 한창이다. 친구의 "깔깔 껄껄 웃음이 봄볕처럼 따사로워 보인다. 「봄날에・3」은 꽃다지를 "무채색 겨울 지우고/ 그리는 수채화"라고 한다. 꽃다지는 시「입춘 무렵」과 「꽃다지처럼」에서도 반복해 언급된다. 이른 봄에 작고 노란꽃이 피는 꽃다지는 겨자과에 속하는 꽃이다. 두해살이풀로 꽃따지, 모과정력, 정력자, 코딱지나물이라고도 한다. 시골이나 도시 정원, 그리고 들판에서 자란다. 거의 군락을 이루는데 시인은 "봄 언저리/ 노란 떨림/ 찰랑이는 꽃물결"이라고 표현한다.

시인은 꽃을 통해 과거를 회상하거나 현재를 진술하는 것만 아니고 자기를 성찰하기도 한다. 시 「노루귀꽃」이 그렇다. 화자는 봄의 전령사 노루귀꽃에게 "온 몸으로 삶을/ 살아내는 너를/ 만나는 설렘"이라며 상찬 한 뒤, "굽힐 줄도 알아야 보이는/ 마음이 오는 길/ 한 수/ 배우는 봄날"이라며, 굽힐 줄 알며 온몸으로 살아내는 것에서 삶의 한 수를 배웠다고 한다.

사락사락
복사꽃 벙그는 날
꽃잎에 반사되는 햇살

꽃에 닿으면 꽃빛 되고
물에 닿으면 물빛이 되는
채색의 마술사

「참 환하다」 부분

이경섭 시인은 꽃의 제재를 통해 독자에게 맑고 투명한, 그리고 화사한 긍정적 에너지를 준다. 시인의 정신이 햇살 아래 찬란하다. 꽃은 식물의 절정이며 생애 주기에서 가장 화려하고 빛나는 순간이다. 그리고 꽃은 열매를 예고한다. 이렇게 이경섭 시인의 꽃은 긍정의 영역이며, 초록을 배경으로 핀 그의 꽃은 건강하다. 시인이 사물을 대하는 방식과 묘사가 '채색의 마술'을 부리듯 섬세하다.

3

 시 「바람의 길」에서 보여주듯 이경섭 시인의 시집 안에는 "누이와 형 아버지와 어머니" 등 가족이 산다. 과거 시인의 가족이 함께 했던 공간은 "청보리밭에서/ 푸른 길"이 보이고 "햇빛에 반사된 까락이/ 일제히 누웠다가 일어서는" 농촌이다. 오래전 농경사회의 삽화를 아름답게 펼치고 있는 시 「찔레꽃」에서는 어머니와 아버지가 호명된다. 농촌에서 성장한 것으로 보이는 화자는 찔레꽃이 피는 5월의 '달콤한 기억'을 떠올린다. 그 기억 속에는 "어머니 새참 소쿠리"가 있으며, "막걸리 한 사발"로 "푸른 계절을 들이켜시는 아버지"가 있다.

 그리고 시 「어머니의 겨울」「소리·그리다」「치자꽃 엄마」「연기 피어오르는 풍경」에서는 어머니가, 「조팝꽃」「솟대, 풍경이 되다」「망초꽃 그늘」「아버지·꽃문」에서는 아버지가 언급된다.

  햇살의 꼬리 강물에 닿아
  치자빛 물드는 저녁
  버선발로 맞이해주시던
  엄마 생각
  치자꽃 닮은 울 엄마

  노랑물 풀어
  녹두전 밀전 굽고
  세월을 구워
  향香 건네는 자식 되기를
  기원하신 종부의 길

어찌 달금한 세월뿐일까
맵고 쓰던 고단한 길
내 가슴에 피었네
순백의 치자꽃

「치자꽃 엄마」 전문

　서경과 서정적 심상이 아름답게 펼쳐지는 시다. '닿다'는 촉각과 '치자 빛 저녁'이라는 시각적 심상, 이를 배경으로 화자를 버선발로 맞이하던 치자꽃을 닮은 어머니가 눈앞에 보인다. 수국과 비슷한 시기에 피는 여름꽃인 치자는 음식이나 옷감에 물을 들이는 원료이기도 했다. 화자의 어머니는 치자즙으로 녹두전과 밀전을 구우며 "맵고 쓴" 고단한 길을 건너온 종부였음을 진술하고 있다. 종부의 살림을 하며 "세월을 구워"온 어머니다.

　시 「연기 피어오르는 풍경」에서는 화자가 강 건너 연기가 피어오르는 풍경을 보며 어머니를 떠올린다. 연기가 피어오르는 곳은 낯익은 냄새가 나고 어머니의 정겨운 목소리가 들리는 곳이다. 이 과거 풍경은 화자의 가슴을 아릿하게 한다. 어머니의 삶의 터전이었던 다정한 마을은 동시에 화자의 따뜻했던 유년의 공간이기도 하다. 화자는 마음이 향하는 이런 저녁 풍경속으로 돌아가고 싶어 한다.

　시 「어머니의 겨울」 배경도 "시래기 밥 뜸 들이는 냄새"가 나는 유년의 고향이다. 유년의 고향집 처마에는 수수 이삭과 옥수수 타래와 바람에 뒤척이는 시래기가 있었다. 이런 농경 마을에서 어머니는 매일매일 밭두렁에 나가 일기를 쓰셨다.

어머니의 꿈을 담은 알곡들이 음표를 그리고 있었다는 비유적 어법이 독자에게 쾌감을 준다. 신륵사 저녁 종소리에서 시작한 시 「소리·그리다」 배경 역시 앞에 두 시 「연기 피어오르는 풍경」이나 「어머니의 겨울」과 같은 저녁 분위기를 갖고 있다.

>아버지
>산소 가는 길
>노을에 젖는 풍경을 본다
>
>망초 늘어선 길
>언덕 넘어
>아버지가 일구시던 터
>묵정밭 되고
>
>꿈 키우던 유년
>아버지의 그늘
>망초꽃 가득한데
>
>바람 일렁일 때마다
>미소 번지는
>노을빛 그리움
>
>가슴 가득
>흔들리는
>꽃무리
>
> 「망초꽃 그늘」 전문

화자가 노을에 젖은 저녁에 망초가 늘어선 저녁 길을 걸어 아버지 산소에 가는 풍경이 아름답다. 아버지가 살아생전에 일구었던 밭은 묵정밭이 되었다. 도시화가 급격히 진행되면서 농촌에서 사람이 떠난 시골의 상황을 보여준다. 현재 이런 시골은 화자가 유년에 "아버지의 그늘" 아래서 꿈을 키웠던 곳이다. 시골에서 맞은 노을은 화자에게 유년에 대한 그리움을 불러일으키고, 불러일으킨 그리움은 가슴 가득 망초꽃 무리처럼 흔들린다.

망초꽃에서 그랬던 것처럼 봄에 피는 조팝꽃 역시 고향과 아버지에 대한 '그리움'의 매개가 된다. 시「조팝꽃」에서 화자는 무더기무더기 고향 언덕에 피어있는 조팝꽃에서 아버지의 미소가 하얗게 번지는 모습을 기억 속에서 본다. 시「솟대, 풍경이 되다」에서는 솟대가 아버지 같다고 비유한다. 솟대, 즉 장대 높이 앉아 있는 새는 날지 못한다. 먼 곳을 그리워한다. 그곳은 본래의 고향이다. 이런 새의 모습은 어떤 '먼 능선'을 넘지 못하던 화자의 아버지 모습과 겹친다. 시「아버지·꽃문」은 창호지 사이에 구절초와 수레국화를 넣고 바르던 시절의 기억을 회고한다.

4

 이경섭 시인의 시는 낳고 자란 과거 농촌과 유년의 기억을 회고적으로 바라보는 시들이 많다. 시인이 과거를 회고하는 매개는 꽃이나 어머니와 아버지, 그리고 시간과 계절이다. 회고적 시선은 인생의 참된 의미와 자신의 근원을 바라보려는 것이기 때문에, 도시에서 들떠 사는 인간의 심성을 순화하는 데 긍정적 역할을 한다. 근원으로 돌아가려는 심리는 인간의 본원을 찾아가는 사람들의 가장 지적인 행위다. 과거의 시간을 돌아보고 성찰하는 사람은 악의 구렁에 빠지지 않는다. 순하고 참된 인간으로 돌려놓는다.

 달과 계절의 바뀜, 해 바뀜은 사람들에게 과거 삶을 회고하고 성찰하는 계기를 갖게 한다. 특히 계절은 몸에 닿는 기온의 촉감이나 눈으로 보는 시선의 시각으로 이전의 시간과 현재의 시간을 구분하게 한다. 시 「11월 풍경·1」「11월 풍경·2」「9월에는」「시월에」「추억」「기차를 타야만 한다」「고독·2」「골목길 풍경」「11월의 풍경·3」「11월의 흔적」 등 많은 시들에서 시간감과 계절감이 강하게 느껴진다.

  가을 빛 내리는 들녘
  맑은 웃음 담겨있는
  추억의 사진
  들꽃으로 피었네

  쑥부쟁이 꽃 빛으로
  물든 자리
  구절초 벌개미취 고마리 피고
  감국 개미취 산국 흔들리네

기억 저편
인생길 모퉁이마다
미소 짓는 인연
들꽃 피고 지는 사이
노을빛으로 서 있네

「추억」 전문

    화자는 과거 사진을 보고 있다. 가을빛이 내리는 들녘을 배경으로 찍은 오래전 사진이다. 사진 속의 표정을 들꽃으로 비유한다. 지나온 인생의 모퉁이 모퉁이마다에서 만난 인연들과 추억을 떠올리면서 미소를 짓는다. 그러는 사이에 화자 자신은 노을빛으로 은유되는 노년에 이르렀다.
    시「시월에」서는 시인 자신의 생물학적 나이가 일 년의 시월쯤에 와 있음을 암시한다. 흘러간 시간에 대한 소회를 진술하고 있다. 화자는 "햇살의 손을 잡고/ 숲길을" 걸으면서 채우는 삶보다 비우는 길을 준비하는 시월의 숲을 본다. 이러한 시월의 가을 숲이 처연하다는 진술이다. 현재 화자가 가고 있는 길은 나뭇잎을 "한 잎 한 잎/ 내려놓는 길이다". 이런 광경을 보여주는 시월의 숲에서 "빈 마음으로 돌아가는/ 길을 본다".
    다른 시「11월의 흔적」에서는 인생에 대한 회한을 진술하고 있다.

한철 뜨겁던 사연
화석처럼 가슴에 쌓이고
다시 돌아올 그 길에
이정표가 되고 싶은

거리에는 쓸쓸한 사유
한 장
한 장
엽서가 되는
11월의 흔적

「11월의 흔적」 부분

발아래 수북이
낙엽을 덮고 있는데
흔적 모를 쓸쓸함을
어찌할까

「11월 풍경·2」 부분

갈꽃 이울고
모두 떠난 자리
석양에 물드는 백로
홀로 듣는 강물의 언어
긴 목 늘인
기다림 그 넘어
쓸쓸한
사유思惟

「고독·2」 전문

회한 없는 인생은 없다. 「11월의 흔적」에서 화자는 가을비가 온 후 젖은 잎이 지나간 발자국을 본다. 땅에 진 젖은 잎들에게도 뜨겁고 화려한 시절이 있었다. 한철 뜨거운 사연을 접고 길 위에 진 낙엽은 인생의 후반을 은유한다. 젖은 낙엽을 보고 느끼는 쓸쓸한 감정은 돌아갈 수 없는 인간의 한계를 아는 사람만이 가지는 건강한 태도다. 시 「11월 풍경·2」에서 화자는 발아래를 무수히 덥고 있는 낙엽을 보고 쓸쓸함을 느낀다. 화자는 "꺽둑꺽둑 무 썰어 넣고/ 보글보글 생태찌개 달큼하던 시절/ 그날의 붉은 가을이/ 사무치게/ 지나간다"고 과거 '붉은 가을'의 시절을 사무치게 그리워한다. 열정의 시기를 지나온 시인의 현재를 낙엽에 비유하고 있는 것이다.

　특히 시 「고독·2」는 시인의 깨끗하고 고독한 심사를 투사하고 있는 절창이다. 가을이 지나 갈대꽃이 진 강가의 석양을 배경으로 홀로 서 있는 백로에 육순을 넘겼을 자신을 비유한다. 석양은 인생의 저녁을 암유한다. 세사의 번잡함을 물리고 자아를 깊이 들여다보여는 시인의 몸가짐이 '홀로'로 표현된다. 백로는 깨끗하고, 표현은 쓸쓸하지만 충만한 자기를 담고 있는 시다. 시인의 깨끗한 심사와 성격이 담겨 있는 여운이 깊은 시다.

5

　이경섭 시인의 시를 이해하는 중요한 어휘는 꽃과 부모와 시간에 대한 언술이다. 시인의 시에 적어도 30개 이상의 꽃과 꽃에 대한 어휘는 시인의 아름다운 내면을 반사한다. 문장 속의 꽃은 자기의 투사다. 꽃은 자기가 바라보는 자기다. 내면이 아름다울 때 시적 대상인 사물과 사건이 아름답게 보인다. 시인의 착하고 아름다운 마음의 시선이 문장 속에 꽃으로 발현된 것이다.

　또 시인은 문장 속에 어머니와 아버지, 누이, 형, 친구 등 인물을 호명하는데, 어머니 아버지를 곳곳의 시 문장에서 여러 번 호명한다. 너그러운 인간관계 속에서 성장한 시인의 인품을 반영한다. 어머니와 아버지는 자녀의 자아 형성에 중요한 역할을 한다. 어머니와 아버지는 친밀한 관계를 형성했던 유년으로 돌아가, 당시 자연의 사물과 사건을 회고하거나 자신의 원초적 심성을 바라본다.

　그리고 이경섭 시인은 시에 달과 계절을 자주 언급한다. 시간과 계절을 통해 회고적 인생에 대한 담화를 변주한다. 그의 시에는 봄에서 겨울까지 계절이 다양하게 분포한다. 봄의 꽃과 여름의 파란 잎, 가을의 낙엽과 겨울의 나목, 그리고 흰 눈이 독자의 눈을 다채롭게 한다. 시 속에 언술된 계절에 대한 감각은 인생의 경로를 비유한다.

　시집을 다 읽고 나니, 저녁 무렵 순백의 백로 한 마리처럼 깨끗하고 순정한 모습으로 지상 어딘가에서 살고 있을 시인의 모습이 떠오른다. 아름다운 유년과 청장년기를 착하게 걸어온 시인은 백로 한 마리가 흐르는 강가에 서서 여울의 지문을 바라보듯, 현재 언덕에서 자신을 돌아보고 있는 것이다.

기차를 타야만 했다

1판 1쇄 발행 2023년 9월 25일

지 은 이　이경섭
펴 낸 이　이경섭
펴 낸 곳　도서출판 책여정
디 자 인　한송이
등록번호　213-54-00730
등록일자　2023년 8월 9일
주　　소　강원특별자치도 춘천시 스무숲1길 42-4. 3층
문　　의　leeksed@hanmail.net

ISBN　979-11-984266-1-1 (03800)

· 이 책의 판권은 지은이와 책여정에 있습니다.
· 책 내용의 전부 또는 일부를 이용하려면 책여정의 동의를 받아야 합니다.